Versos Polifaséticos
Parte IV

By

Joseph García

EDICIONES

PAZ

Ediciones M. Paz
P.O. Box 651172
Miami, FL 33265
Phone: (305) 223-1196
Cell Ph: (305) 335-6473

ISBN 978-0-9913857-0-6

Printed in the United Status of America
Miami, Florida.

JOSEPH GARCIA

Nacido en Cuba en la ciudad de Artemisa, en la provincia de La Habana. Desde niño, siempre tuve inclinaciones poéticas. Durante los años pasados, mantuve esas inquietudes y hacía algunas composiciones poéticas. Con el tiempo fui acumulando variedad de tópicos poéticos basados en experiencias vividas o conocidas que han motivado mis inspiraciones poéticas. En la actualidad he escrito seis libros y he publicado algunos de ellos.

Amor Convaleciente, al igual que mi poema No Comparto, editado en mi libro Versos Polifaséticos - Parte 2, son el vivo ejemplo de esas composiciones literarias que espero sean del agrado del público.

El Autor Joseph

Prólogo

Queridos Lectores:

En este libro y en mis anteriores, ustedes encontrarán un estilo diferente a los ya vistos en otros tipos de poesía, introducido por primera vez en mi primer libro *Versos Polifaséticos – Parte I* y que he continuado en mis siguientes libros de poesía. En adición a los *Versos Dispersos*, ustedes encontrarán en este libro una Sección dedicada a *Sarcasmos Poéticos*, nuevo estilo creado e introducido por primera vez por el autor que consiste en versos dirigidos con una segunda intención de sarcasmo o ironía que espero sean de su agrado.

Muchos de mis poemas son basados en experiencias propias que he querido transferir a ustedes mis lectores. También he introducido poesías dedicadas a homenajear a personas, que en su paso por la vida, supieron ganarse el respeto y la consideración por sus sacrificios y su manera de conducirse.

Mi idea principal no es la de comercializar con mis publicaciones, sino la de contribuir con mis experiencias personales a aquéllos que tengan la oportunidad de leerlos y de encontrar similitud con situaciones parecidas en etapas de sus vidas.

Espero que esta nueva presentación de este libro, Parte IV, sea del agrado de ustedes y que su lectura les sea amena.

El Autor.

Versos Polifaséticos
Parte IV

Índice

INDICE _____

Anecdotario Poético

Reflexiones del Autor

Versos Filosóficos

Versos Filosóficos (Cont.)

Reflexiones Políticas del Autor

Versos Religiosos

Versos de Amor

Versos de Amor (Cont.)

Versos para Canciones

Versos a la Familia y a Amigos

Versos Dispersos

Versos Dispersos (Cont.)

Sarcasmos Poéticos

--- oOo ---

Sección 1

Anecdotario Poético

Anecdotario Poético - Especial

Hoy es un día especial para mí y para toda mi familia, porque en este día mi nieto Devin, partió con sus padres rumbo a North Dakota. Después de tantos sacrificios se ganó una beca para estudiar en dicho estado. Además de esta beca, se ganó una oferta para jugar en el club de foot-ball de esa Universidad.

A Devin Anthony

Querido y amado nieto
me siento muy emocionado
al ver tu lucha premiada
y quiero en esta jornada
un homenaje brindarte
lleno de amor y ternura

En esta lucha tan dura
que has tenido que librar
ya te veremos triunfar
como tú te lo mereces

Que Dios te ayude con creces
en tu lucha sin igual
tu abuelo siempre te ha de recordar
aunque estemos hoy distantes
que tengas triunfos constantes
como lo mereces tú
en mis ruegos a Jesús
así lo hago constar.

--- oOo ---

Triste Anecdotario Poético
Correspondiente al Día de las Madres

Hoy son las dos de la madrugada del amanecer del segundo domingo de mayo del año 1989, Día de las Madres. Se vislumbra ya un nuevo amanecer. Para mí es un día como para otros, que la quisieron tanto como yo, y que nunca como yo, la podrán olvidar. Lo más hermoso en la vida de un ser humano es la madre, santa palabra que llevo en lo más profundo de mi alma, como una mezcla de alegría y honda tristeza, al comprender cuánto de hermoso había en ella, y al saber que la vida fue tan dura con quien era una verdadera santa.

Vivo evocando su bondad sin límites. Es tanto lo que siento en mi corazón, que he preferido pensar que te has ido a dar un viaje y que un feliz día regresarás, o con la seguridad de que si no es así, he de salir en tu busca el día en que así Dios lo disponga.

Tu hijo Monguito

Evocando el más sublime recuerdo
de aquel mi amado laurel
cuya savia me dieron vida
camino de mi ilusión

Entonaba la canción
para que yo me durmiera
yo era su vida entera
su alegría y su desvelo

Y luchaba con anhelo
caminos llenos de amor
era un solo corazón
mi vieja del alma mía
que con su sana alegría
todo lo daba por mí
sin que nada le pesara

Cuántas tristes madrugadas
te desvelaste, mi vieja,
al cuidado de tu hijo
mientras yo, tu consentido
en esto no me fijaba

Hoy, cuando pongo en la almohada
mi cabeza tristemente
añoro el beso en la frente
que siempre tú a mí me dabas

No tuve yo miedo,
de nada en la vida
sólo a las hondas heridas
que en el alma me causaron
la gente que me rodeó

Tú me enseñaste a creer en Dios
y a mis semejantes querer
añoro el viejo laurel
que de mi vida se alejó

Anecdotario Poético
Dedicado a mi amigo Lucio

Apenas tenía yo trece o catorce años, y en esa época, conocí yo a este señor que era dueño de una tienda de zapatos y yo aprendía con él el oficio de zapatero y a su vez, acudía a la escuela. Este buen amigo me daba consejos acerca de la vida y los pasos a seguir en ella. Nunca olvidaré a este gran amigo mío cuyas enseñanzas y consejos en la vida me valieron de mucho. Posteriormente, la vida misma me dio la oportunidad de ayudarlo a venir a los Estados Unidos. Hace algunos años él falleció, pero nunca habré de olvidarlo. Que E.P.D mi buen amigo Lucio.

A Lucio

Para mi amigo del alma
amigo del alma mía
recuerdo siempre tu voz
que grabada en mí quedó

Quiero hoy darte mi tributo
lleno de agradecimiento
porque pensaste en mí

Hoy yo canto para ti
mi fiel y querido amigo
aunque se me parte el alma
por la pena y el dolor
que me dejó tu partida
dejándome el alma herida

Hoy necesito tus consejos
y aunque me muera de viejo
siempre te recordaré yo

--- oOo ---

Anecdotario Poético

Una tarde es a veces como otras, y algunas tardes difieren de otras. También en las tardes lluviosas, como la de este día, suele llenarse uno de nostalgias. Quizás otras tardes lluviosas o un amor lejano que con el decursar del tiempo, se agranda a veces en el recuerdo y llenos estamos todos de recuerdos, la niñez, la adolescencia, la juventud que quizás cruzó de prisa, o de la niñez cuando estuvimos en las escuelas, o los padres, los abuelitos, quizás los tíos o los primos. En fin, nos vamos cargando de recuerdos en la vida y en las nostalgias de los tiempos que corrieron apresuradamente. La lluvia nos hace entristecernos a veces, misteriosa y cargada de encantos.

Añorado Recuerdo

Lluvia, cuántos recuerdos hay en ti
y qué tristeza me das
yo te juro que jamás
me podré olvidar
de aquellos tiempos pasados

En que como enamorados
vivíamos el uno del otro en pos
yo creo que nosotros
pudiéramos estar unidos
pero por celos, confundido
me separé de ella

Y la dejé para luego así
vivirla yo recordando
yo no sé como ni cuando
por celos yo la dejé
para ahora luego después
sentir la pena profunda
que embarga mi corazón

Ponme toda tu atención
mi amiga de tiempos pasados
hoy yo me doy cuenta
que viví de ella enamorado

Anecdotario

Yo sé que quizás algunas personas no comprenderán los consejos que a través de mis humildes escritos y poesías les hago llegar con el sano propósito de ayudarles a salir de las confusiones que muchas veces tienen en determinados momentos de sus vidas. Mis poesías y algunos escritos están encaminados a ayudarles a encontrar las soluciones que esperan o parte de ellas. Espero que ellas cumplan su propósito.

Intranquilidad

*Al pretender destruirme
la ilusión de forma malintencionada
no te has dado cuenta que para mí
tu opinión no vale nada.*

*Yo sólo quise halagarte
pidiéndote tu opinión
pero de nuevo comprendí
que no debí haberlo hecho
porque sólo conseguí de ti
opiniones equivocadas*

*Hoy que mi vida se asoma
por caminos diferentes
a los que ayer recorrí
hoy me di cuenta que fui
víctima de tu maldad*

*Hoy quizás regresará
a mi vida la libertad*

--- oOo ---

Anecdotario Poético Amoroso

Las primeras notas de mi canción son para ti, querida Honey. En ella van mi corazón, mi alma y todo mi espíritu lleno de amor. Tú, mi más enternecedor sueño de mujer. Yo no te puedo querer si en mis cantos no están presentes la verdad, la sinceridad, mis desvelos de amor.
Yo siempre te he dicho que amo la decencia, la consideración, el respeto y la sencillez. Si éstas no están presentes en las personas que trato, no tiene sentido la relación con las personas de las cuales debo cuidarme de por vida. Si a todas estas reglas de conducta, agrega la honradez.

Tu Honey

Te quiero mujer amada
deseo en esta ocasión
que sepas cuánto te quiero
te quiero de corazón

Que Dios, en esta canción
te dé muchas cosas lindas
te amo, mujer amada.
Te amo de corazón

--- oOo ---

Sección 2

Reflexiones del Autor

Páginas del 11 al 24

Al Fin Desperté

Amigos del alma mía
cuántas cosas yo soñé en mi vida
cuántas ilusiones encendidas
en mi vida regalé

Y cuántas veces se me fue
el amor que había soñado
yo viví ilusionado
hasta que al fin desperté

--- o0o ---

Siempre me Ayudó

De ti suerte buena
que no llegas a fortalecer mi fe
porque la vida se fue
y tú tirándome a un lado

De ti vivo desconfiado
porque un camino difícil
me diste en la vida mía
viviendo en esa agonía
de una pobreza infinita

De una niñez que marchita
por una pobreza cruel
donde había sólo un laurel
que su fuerza siempre me ayudó

--- o0o ---

Amores Frívolos

Ya no tengo la emoción
que antes vivía en mí
la pasión que yo sentí
en mi vida se espumó

Por eso me siento yo
prisionero por la pena
con emociones ajenas
que en la vida yo viví

Hoy canto yo para ti
con amor y con ternura
es que mi vida fue tan dura
en los años transcurridos

Por muchos amores sufridos
y de muchos amores cansados
que con el tiempo lograron
caminos de destrucción

Hoy los amores no son
como los pasados amores
antes te daban las flores
y te daban el cariño
y con los años la fragancia

No había la arrogancia
no había ese desamor
que hoy te encuentras dondequiera

Aquello si era querer
y era amor puro y sincero
pero esos amores de hoy
esos amores no los quiero

--- oOo ---

Aprisionado

Cuánta soledad yo paso
viviendo una vida extraña
en que intrincadas musarañas
me tienen aprisionado

Me pongo a pensar así
viviendo en aquel pasado
en que hoy, viejo y ya cansado,
con un dolor infinito
pensando en ojos bonitos
que me llenaron de ilusiones

Pero oscuros pensamientos
a mi vida triste llegaron
viviendo en extraños países
donde oscuras nubes grises
marcaron mi lento sufrir

Hoy ya no puedo vivir
la juventud se alejó
para siempre de mi vera
lleno de cruel pesimismo
pensando en aquel abismo
que de ti me separó

Que no me sentiría aprisionado
porque sus ojos cansados
de tanto hacerla sufrir
se perdió en el porvenir
por el dolor aplastado

--- oOo ---

Arrepentido

Hoy yo me siento afligido
y quizás con muchas razones
pero mi alma está triste
porque han cambiado las cosas

En el pasado lejano
vivía yo enamorado
del amor y la honradez
pero ese tiempo se fue
tras un triste despertar

Cuando me empecé a fijar
por todo mi alrededor
me sentí desencantado
Todos eran intereses
y nada era espontáneo

Con el pasar de los años
la vida perdió su original sentido
yo vivía en mi mundo
lleno de sana ilusión

Pensaba sólo en el amor
y en total desprendimiento
pero otros vivían del cuento
del amor al ser humano
y por fe a la religión

Pero busqué en las escrituras
y me puse a analizar
algunas contradicciones
y encontré muchas razones
para ponerme a dudar

Me fue muy triste el despertar
de aquellos pasados años
en que viví enamorado
del amor y la honradez

Para luego así después
de tantos sueños bonitos
encontré mis ojos marchitos
por lágrimas derramar

Hoy me pongo a meditar
sobre todas estas cosas
para poderte aconsejar
y darte un sabio consejo

Que si tú llegas a viejo
después de tanto luchar
no, no te pongas a dudar
en el pasado lejano
porque te vas a amargar
y muy triste vas a estar

Por eso, el consejo mío
lleno de sana honradez
que si quieres cambiar las cosas
no lo vas a conseguir

Que pienses en el porvenir
y mires para otra parte
porque vivir es un arte
difícil de conseguir

No, no te vayas a morir
tan agobiado
que si no tienes amparo
te tendrás que arrepentir

Caminos Diferentes

Yo camino en los recuerdos
y siento sanas alegrías
de recordar muchos días
llenos de espiritual belleza

Y pienso en aquella pobreza
que siempre me acompañó
y luego creo yo
que ando por ti acompañado

Te quiero porque te quiero
con un amor bien sentido
y que siempre estará junto a mí
tu gran amor y el mío

Ese fue un día precioso
se clavó en mi corazón
dándome amor y ternura
pero tenía una vida impura
y su amor no era muy sincero

Le dije que la quería
pero su amor no era puro
yo cogí por mi camino
y ella se fue por el suyo

--- o0o ---

Caminos Extraños

Yo soy un hombre extraño
pero soy amigo de la verdad
y no quisiera que jamás
a nadie le hiciera daño

He caminado con los años
por sendas de alegrías ocasionales
y he rechazado los males
aunque errores he cometido

Por mis errores he sufrido
lleno de penas y dolor
y he rechazado el amor
cuando lo he visto simulado

He sentido el desamparo
por amor a la verdad
y he llorado por mamá
por mi hija y mi mujer

He sufrido en el atardecer
y en las noches he llorado
he buscado y rebuscado
por caminos diferentes
para atarme a la ilusión
y he logrado conseguirlo

Y ésta de nuevo se ha marchado
por otros caminos extraños
y me he sentido ermitaño
y sin que nadie me escuche

Y he guardado en un estuche
todos mis sanos recuerdos
y muchas veces en la vida
por bueno, por malo y sano
y por noble me pierdo

Y así me he vuelto a encontrar
porque en mi vida he luchado
y he peleado sin parar

--- oOo ---

Deducciones Sobre el Amor

Y sigo hablando de la vida
y hablando de la ilusión
y me gusta a mí el perdón
cuando vale de él la pena

Pero pienso en la condena
que se hace necesaria
y elevo al cielo mi plegaria
por aquél que lo merece

Pero el pobre se merece
del rico misericordia
no porque vaya a la gloria
si no cuando es de conciencia

Porque si no hay amor
hay ausencia de todo buen sentimiento
porque el amor es lamento
es alegría y canción

El amor es el perdón infinito
por el amor son marchitos
las fibras del corazón

El amor es el amor
y no es ilusión pasajera
el amor es la vida entera
y paso a la eternidad

--- oOo ---

Desilusión

Estoy sin mucha ilusión
y ando desconcertado
vivo en la vida amargado
y no encuentro solución

Me digo yo con razón
que debo tener paciencia
para poder continuar

Pero me pongo a pensar
hacia donde me lleva la corriente
pero miro yo a las gentes
que viven de igual manera

Y aunque quiera yo o no quiera
tengo que andar sin amparo
y sigo siempre pensando
casi sin entusiasmo
y así sigo caminando
y mirando al otro lado
al reflejo del dolor

Nos hace falta el amor
para andar ilusionados
no mirar al otro lado
que a veces nos entristece

En la vida los vaivenes
nos tienen entristecidos
no te sientas afligido
y piensa siempre en el amor
que aunque andes con dolor
vivirás ilusionado.

--- oOo ---

Después

Después de muchos días
sin escribir poesías
me sentí sin alegrías
De andar improvisando

No sé cómo ni cuándo
perdí esa inclinación
me sentí sin el amor
que requiere esa virtud

Y era que mi amor y tú
se apartaron de mis sueños
yo vivía en el empeño
de mantener el camino

Pero mi alegre destino
era bonito y hermoso
yo vivía en el reposo
de ese bello sentimiento

Fueron lindos los momentos
de mi sana inspiración
traté de entregarte mi vida
con todo mi corazón

--- oOo ---

Día Bonito

Hoy es un día bonito
porque tu amor me llegó
y cuando llega el amor
la vida es diferente

Entre el querer de las gentes
la vida se hace placentera
y sin que nadie te quiera
no vives ilusionado

Se queda uno sin amparo
sin los besos de las gentes
eso interesante luce
y si nadie te ha querido
tienes mucho por hacer

Piensa en cada amanecer
con un amor bien sencillo

----- oOo -----

Día Triste

Hoy se me ha ido el poeta
y no tengo inspiración
porque un supremo dolor
me tiene sentimental

Ganas me dan de llorar
porque uno quiere a las gentes
y si éstas no te quieren
te sientes medio frustrado

Pero no hagas caso de las gentes
y sigue del amor enamorado

--- oOo ---

Día de Ilusiones

He venido caminando
por las calles de Westchester
yo soy un hombre de ley
y feliz me siento así

No soy un hombre de letras
y a mí me gusta escribir
y expresar lo que yo siento

Tengo en mis pensamientos
cosas que me hacen vivir
pienso en el porvenir
como un hombre responsable

Amaba mucho a mi madre
y a mi familia querida
y así disfruté la vida
y también me entristecí

No puedo hablar de riquezas
porque yo nunca las tuve
sólo pensaba en el amor
que vive en mi corazón
y mantengo esa ilusión
que es para mí lo importante

No me gusta la mentira
no quiero falsos amigos
prefiero vivir bien lejos
de toda esa falsedad

Yo detesto la maldad
y aborrezco la hipocresía
y así vivir cada día
apegado a lo sublime
porque el amor me redime
de todo el odio maldito

Yo no quiero que me quieran
no quiero falsos amores
no quiero que me den espinas
disfrazadas como flores

Hoy disfruté caminando
por las calles de este pueblo
con mi corazón contento

Hoy yo no tuve lamentos
disfruté la libertad
hoy quiero sentirme feliz
hablando de la ilusión

Hoy no perdí la ocasión
que me ha dado un día bonito
hoy fue un día exquisito
porque feliz me sentí yo

--- oOo ---

No Podré Olvidar

Pasaron los años
y me quedé esperando
por tantas cosas que tristes
me tenían agonizando

En un mal de confusiones
donde sentí tentaciones
que me hacían sucumbir
en un sin fin de emociones
encontradas y entrelazadas
que mucho me hicieron llorar

Yo no sabía qué hacer
jamás lo podré olvidar

--- oOo ---

Vanidad

En la casa en la que hoy vivo
me siento solo y cansado
porque ando enamorado
de una vida de placeres

Donde no hay muchas mujeres
triste me siento yo
porque a mí quien me creó
me creó con ilusiones

Me creó con pantalones
lleno de amor y lujurias
pregúntele a María Julia
y también a Caridad

Donde yo ando de amante
sin amor ni vanidad

--- oOo ---

Será un Desierto

Me siento solo y cansado
sin guarachear ni rumbear
y siento ganas de llorar
cuando recuerdo el pasado

Vivo desorientado
en la vida que hoy yo vivo
ando todo adolorido
y vivo siempre buscando
la manera de cambiar

Ya yo no debo llorar
porque bastante he sufrido
aunque estoy adolorido
por las penas que hoy yo siento

Tengo que buscar la forma
de cambiar mis pensamientos
porque si no lo consigo
mi vida será un desierto

--- oOo ---

Pasión

Porque me gusta escribir
y no tengo mi mente confusa
ando siempre con la musa
apegada al sentimiento

Y siento el amor bien adentro
y me gusta sonreír
también me gusta vivir
y alegrar el pensamiento

Mi pensamiento es así
alegre y a veces triste
desde el día en que viniste
a sacarme a mí del paso

Sentí tus amantes brazos
que mucho me han hecho sentir
quisiera siempre vivir
contigo en la intimidad

Pero otros amores me brindan
sus impuras caricias
éstas me ofrecen ternuras
que yo no puedo olvidar

Y siento inmenso pesar
por mis amigos que triste
han olvidado sus raíces
y no quieren regresar

Y cruzar el ancho mar
y besuquear a mi suelo
es algo que yo no quiero
de mi vida separar

Al cruzar el ancho mar
y regresar a mi tierra
y así caminar sus senderos
es algo que yo no quiero
de mi vida separar

Yo nunca podré olvidar
mi madre santa y querida
que me dio entera su vida
y nunca la vi llorar

Quisiera yo regresar
a aquel pasado lejano
cuando besaba sus manos
jamás lo podré olvidar

Te quiero porque te quiero
porque de ti yo nací
y nunca podré olvidar
el pueblo donde viví

--- o0o ---

Sección 3

Versos Filosóficos

Páginas 27 al 40

El Amor

El amor es una fuerza
que siento en la vida mía
el que mata la agonía
de mi triste corazón

El me da luz e ilusión
para seguir el camino
el me guía con atino
para cumplir una meta

El alimenta esa llama
que llevo en el corazón
él alumbra con tesón
la fe que hoy vive en mí

A él yo lo siento así
prendido en mi corazón
él es como una canción
secreta en la vida mía

El es esa agonía
que vive en mi alma presa
él es esa sensación
de alegría y de dolor

El es como un recuerdo
que vive en mi vida así
a él yo lo siento en mis recuerdos
a él yo lo siento en ti

Y vive en mi vida así
lleno de sana quietud
por ese amor yo me pierdo
y regreso en mi ilusión

El vive en esa canción
que silenciosa me toca
porque el amor es la roca
más firme de mi pasión

--- o0o ---

El Paria

Mira como ando en la soledad
mira como me siento afligido
sintiendo este dolor muy mío
donde mi vida se desgarra

Sintiéndome como un paria
que a nadie importa mi dolor
ver como muere la flor
del amor y la ternura

Viviendo lleno de amargura
como no puedo vivir
recordando a aquella persona
que hoy a mi vida se asoma
dándome un lento sufrir

--- o0o ---

Esclavo del Amor

La vida corre fugaz
llena de complicaciones
antes tiraban los barcos
a los esclavos por los portones

Hoy llenos de confusiones
vivimos esclavizados
el hombre de hoy continúa
por los caminos de ayer
y andamos enamorados
de una vida de fracasos

Llevo a mi novia del brazo
alegre y enamorado
pero sigo siendo esclavo
por amor ilusionado

--- oOo ---

Falsa Sociedad

Escribo a la sociedad
dentro de la cual yo vivo
y me siento confundido
al comprender la injusticia
que el hombre comete en ella

Y miro hacia las estrellas
pidiendo al cielo justicia
pero creo ver codicias
hasta en el cielo infinito
porque se vive en el delito
de éste mi mundo cruel

Quisiera poder yo ver
al mundo de otra manera
porque la humanidad pelea
y vive en la hipocresía

Por qué la tierra andará
viviendo en esa agonía?

--- oOo ---

Falsas Pretensiones

No hay quien pueda esperar
que con tan malas intenciones
Dios lo pueda ayudar

Pensamos en hacer el mal
y en acomplejar a los demás
queremos ser amigos
pero no somos sinceros

Tratamos a los demás
con intenciones malsanas
hablamos mal de Juana
de Miguel y Caridad
y quién sabe de cuántos más

Decimos con intenciones malsanas
que qué bueno es Fulano
y qué buena es su mamá

Pensamos todo lo contrario
y así obramos a diario
pensamos sólo en el cash
cuanto podemos ganar
y como vamos a cobrar

No hay quien pueda ayudar
a quienes piensan así
porque el amar es vivir
y querer a los demás

Querámonos como hermanos
porque así lo quiere Dios
no importa seas musulmán
judío o protestante

Pensemos por varios instantes
sin tanto rencor guardado
y vivamos enamorados
del amor y de la paz

--- oOo ---

Filosofando la Vejez

Después de viejo llegué
a esta triste conclusión
que cuando viejo te pones
ya no hay muchas razones
para ese intenso bregar

La vejez es
de la vida el despertar
tantos sueños imposibles
que se quedan por realizar

Y podrás comprender
por qué la ilusión se marcha
y pensarás un día
cuantos años he perdido
cuánto por amor he sufrido

Cuánto me sacrifiqué inútilmente
buscando la forma de cambiar
del río la corriente

--- oOo ---

Ideas Inalcanzables

Tengo deseos de escribir
pero también de pensar
en las cosas de la vida
donde se hacen heridas
que no podemos curar

El amor es restaurar
heridas y decepciones
así escribimos canciones
y nos ponemos a llorar

Luego sentimos malestar
todo lleno de emociones
y debido a las pasiones
luego sentimos más malestar
y hasta deseos de pelear
con razones y sin ellas

Luego pensamos en las estrellas
que así no podemos alcanzar

--- oOo ---

Mirar al Sol

Mirar al sol me ilusiona
me dan deseos de vivir
me dan ganas de cantar
los versos que llevo dentro

Olvidar en mí los defectos
de los caminos torcidos
y pensar en el vaivén
de la vida ilusionado

Sentir que hasta he bregado
con todas mis inquietudes
sobre mis pocas virtudes
mirar mis equivocaciones

Aprender más sobre el honor
y el amor a la verdad
decir que ya nunca más
andaré yo equivocado

Sentir de Dios el amparo
y el susurro de su voz
saber que el Señor me habló
y que viví equivocado

--- oOo ---

Nunca Regresar

Mientras más pienso en ti
más me duele la distancia
en que tu rica fragancia
embriaga todo mi existir

Ando en un lento sufrir
por mis caminos torcidos
camino solo y afligido
ése es mi triste vivir

Ya yo no quiero seguir
por esas sendas torcidas
en que mis dolorosas heridas
no me dejan sonreír

Pienso en el porvenir
y se me antoja muy triste
desde el día en que te fuiste
no hago yo más que llorar

Quisiera poder cantar
y alegrar mi alma triste
pero desde el día en que te fuiste
sólo penas y pesares

Sólo me aquejan los males
de mi espíritu afligido
por esos caminos torcidos
en que me tocó deambular

Sólo me he puesto a cantar
para alejar los malos recuerdos
y por esos mundos me pierdo
en mi triste despertar

Quisiera poderte hablar
y que sepas mis quebrantos
pero me lleno de espantos
y hasta quisiera correr
y alejarme del ocaso

Pero tus amantes brazos
ya no los puedo olvidar
y tanto yo he de soñar
y afianzarme a tu figura

Pero en esa sepultura
donde andas encerrada
no nos sirve de nada
y vives en el ocaso
porque mis amantes brazos
no te quieren abrazar

Quisiera a veces saltar
de éste mi mundo cruel
pero no puedo ni ver
la visión no me acompaña
y ando solo en las marañas
de mi espíritu afligido

Y quiero volver al nido
de aquel bonito regazo
pero aquellos amantes brazos
no me pueden esperar

Se fueron de este confín
por esas sendas tortuosas
donde dieran cualquier cosa
para nunca regresar

Paraíso Quebrantado

Comprenderás que no hay nada
como el amor familiar
pero cuando te hacen llorar
y a ti te han hecho sufrir
comprenderás, aunque no lo quieras tú
que tu amor ha sido enfermizo

Perderás el Paraíso
por el que crees que has luchado
sentirás el desamparo,
el dolor y el sufrimiento

Sólo comprenderás entonces
que ese amor ha terminado

--- o0o ---

Regreso a la Musa

No tengo deseos de escribir
y no es que me falte la musa
pero tengo mi mente confusa
y no te quiero hacer sufrir

Ayer me puse a pensar
sobre el dilema de hoy
que a veces no sé quien soy
y no puedo echarme a llorar

Me gustaría cantar
para alegrar mi pena un poco
pero no soy muy dichoso
y no quisiera verte llorar

Quisiera a veces nadar
pero no soy nadador
me gustaría tener amor
y sentir que alguien me quiere
pero no tengo maneras
de conseguir ese amor
para embriagarme con su perfume

Pero mi amor se consume
en medio de mi dolor
y sólo tú, mi amiga querida,
alegras mi alma rota
porque sólo tú
el gran amor me provocas

--- oOo ---

Sin Destino

Por la pena y la agonía
irá el hombre a todas partes
marchará con su estandarte
y una vida vacía

Nunca le llegará el día
de terminar su gran pena
porque al hombre yo lo creo
lleno de necesidades
sin comprender su camino
como un triste peregrino
y no se acabarán sus males

--- oOo ---

Sobre

Sobre el dolor y la pena
de esta terrible agonía
pasan los meses y días
ya perdida la ilusión

Mientras un negro crespón
colgado sobre su pecho
vienen corriendo maltrechos
los hombres por los senderos

Sufren aquellos viajeros
llenos de pena y dolor
se me aprieta el corazón
al ver tanta iniquidad

Progresa la maldad
mientras el amor aminora
quisiera saber ahora
si las penas y las agonías
se hacen terribles los días
con falta de libertad

--- oOo ---

Tiempo Inútil

Cómo he perdido mi tiempo
pensando en las musarañas
en que muchas cosas extrañas
aparecieron en mis caminos

Me apuré, corrí y luché
por cambiar las torceduras
pero la vida me fue dura
aunque traté de que eso no fuera así

Pero las cosas difíciles
en mi vida las viví

--- o0o ---

Recuerdos de un Pasado

Yo no puedo evitar
esta gran preocupación
que me asalta el corazón
y me dan ganas de llorar

Quisiera poder vivir
sin preocuparme demasiado
en mi vida he caminado
por caminos de pobreza

Y aunque no tuve riquezas
de la vida he disfrutado
he sido un afortunado
porque amores he tenido
buenos amigos también
y nunca los he olvidado

--- o0o ---

Viejo, triste y Olvidado

Un día yo me sentí
muy triste y desfallecido
tenía un temor prendido
dentro de mi alma presa

Buscaba por todas partes
la razón de mis pesares
yo sentía que mis males
nunca terminarían

Temía y me revolvía
afligido por la ausencia
de alegrías en mi vida

Era un temor que quería
destruir toda ilusión
en mi vida la razón
de la pena y el olvido
hace que estés confundido
sin saber que vas tú a hacer

Tienes siempre que tener
una razón para amar
y sentir que estás amado
si no, terminas cansado
y lleno de mil pesares

Si no se acaban tus males
tienes que acabarlos tú
porque el amor es una virtud
y un sentimiento muy sano

Si tú no luchas, mi hermano
si te dejas abatir
terminará tu existir
viejo, triste y olvidado

--- oOo ---

Sección 4

Reflexiones Políticas del Autor

Páginas 43 al 52

Atisbos a la Libertad

La libertad es una ilusión
y es un sueño pasajero
si no la sabes defender
puedes terminar en enredos

Esta no nos roba el tiempo
si la sabes practicar
tienes que saber luchar
y usar la inteligencia

Porque los enemigos de ella
suelen no tener clemencia
cuando llegan al poder
tienes tú, si eres ciudadano
de tu respectivo país
no olvidarte de la raíz
del suelo donde tú has nacido

Bien si eres suramericano
o de América Central
o de América del Norte
y luchar por tu país

No desdeñar tu nación
pero respetar las otras
no importa que seas mejicano,
cubano o norteamericano

Cada país tiene su propia historia
no robes a otro la gloria
de lo que el tuyo no ha creado
no busques del otro lado
lo que no te pertenece

Cada uno tiene sus historias
y otros sus tradiciones
vivamos las emociones
que nos dan días de gloria

Y así disfrutemos de la historia
de las bonitas enseñanzas
que nos da la historia misma
con tesón y con bravura

La libertad está peligrando
por tus pasos peligrosos
no andes en el reposo
de creerte tú seguro

Piensa que un día claro
se puede volver bien oscuro
no violes el derecho ajeno
lo tuyo te pertenece
y los bienes de otro no son tuyos

Piensa que el cielo es muy bello
y se puede poner bien oscuro
defiende la libertad
tú la debes de cuidar
porque te puede tocar
caer en la esclavitud

Respeta tú al ser humano
que es respetarte a ti mismo
no vivas en el egoísmo
que tú te puedes perder

(Continúa en la Página 44)

Méjico tiene sus charros
y Cuba tiene sus sones
Santo Domingo sus merengues
y otros tienen sus canciones
por qué robar la cultura
que tiene cada país

Tú no eres más bonito
ni eres el más inteligente
piensa que la vanidad
puede ser tu propia muerte

Piensa que ella se hizo para ti
como también se hizo la vida
piensa que en cualquier esquina
puede llegar tu final

--- oOo ---

Caminos de Libertad

De Cuba yo quiero hablar
como cubano que soy
por dondequiera que voy
pensando en mi tierra amada

Que no nos han servido de nada
nuestras penas y lamentos
tienen resentimientos
en contra de mi pueblo querido

Ellos son fieles testigos
de la pena y el dolor
de mi tierra encadenada
pero habrá una alborada
de luz y de libertad

Y Cuba regresará
por esas sendas soñadas

--- oOo ---

Cubano Triste

Caminando por las calles
anda un hombre muy triste
preocupado y sin prisa
él olvidó su sonrisa
y su carácter jovial

No se le escucha ni hablar
y anda desorientado
porque su pueblo está esclavizado
y no lo quieren ayudar

Andas muy triste, lo sé
buen hombre de la tierra mía
yo sé que noches y días
sueñas con tu tierra amada

Cuba será liberada
y a ella has de regresar

--- o0o ---

Despotismo

Sentado sobre el alivio
va cabalgando el dolor
mientras el pobre señor
siente la ambición del rico

Se vive bajo el delito
de la cruel persecución
un pueblo ha sido maldito
porque así lo quiso el Señor

Yo sé de las penas del hombre
porque pobre siempre he sido
conozco de la agonía
porque he visto a agonizantes

Conozco labios de amantes
porque amantes he tenido

--- oOo ---

Espera

He visto lágrimas en mis cubanos
provocadas por traidores
que nunca han sentido amores
por ti, mi pueblo querido.

Los mayores hombres sufridos
por la distancia y el tiempo
que mueren con el pensamiento
de morir en su regazo
esperando que su Cuba
un día le abra los brazos

--- oOo ---

Falsos Amigos

Dicen que son amigos
de toditos los cubanos
y nos quieren con amor
con amor de mentiritas

Porque Cuba está solita
en medio del Mar Caribe
y el pueblo se desvive
porque quiere libertad

Y Cuba se morirá
en un baño de tristezas
continúa en la pobreza
y llena de sentimientos
mientras América Latina
no escucha nuestros lamentos

--- oOo ---

Jardín Tropical

Yo escribo para ti
suelo que me viste nacer
y en tu encanto de mujer
de ti yo me enamoré

De tu belleza sin par
en medio del ancho mar
cada día más hermosa
llena de mariposas
tu belleza sin igual

A ti yo te quiero cantar
porque sin ti yo no vivo
tienes esas hermosas cosas
de las que nadie se olvida

Del amor eres la guarida
por eso sabes perdonar
y brotas por todas partes
porque tú eres un arte
mi tierra amada y sencilla

En ti brotan las semillas
tú eres mi jardín tropical

--- o0o ---

Por Amor

Hoy se me ha ido el poeta
hoy no tengo inspiración
porque un supremo dolor
me tiene sentimental

Ganas me dan de llorar
la vida me luce diferente
porque uno quiere a la gente
y la gente no me ha querido

Hoy por amor he sufrido
y por amor he llorado
me siento sentimental
porque por amor he sufrido

--- oOo ---

Virgen Morena

Hoy yo quiero cantarte
a ti, mi virgen morena,
en medio de almas ajenas
al dolor de tus cubanos
porque levantes tus manos
y nos ayudes a encontrar la libertad

Tu pueblo te agradecerá
que les tiendas tus miradas
y lleves a Cuba esclava
clamores de libertad

--- oOo ---

Qué es el Cubano

El cubano es temperamental
el cubano es el cantar
qué cosa es el cubano?
alegre, triste y gritón
el cubano es el danzón

Cuando pienso en mis cubanos
yo siento proximidad
el cubano es más
el cubano es alegría
lo ves cada día
por caminos de tristeza

El agacha la cabeza
y no anda satisfecho
el cubano es más que eso
es toque de libertad

El cubano es ansiedad
y anda desconsolado
él es un ser amado
y amante de la honradez

El cubano es como es
y yo me siento orgulloso
de que yo en Cuba he nacido

Como cubano he sufrido
indiferencias extrañas
eres tú, mi tierra hermosa
llena de luz y de sol

Te quiero porque te quiero
vives en mi corazón!

--- o0o ---

Ruego de un Cubano

Como cubano yo quiero
cantar a la libertad
rogar a Dios la piedad
que mi pueblo se merece

Pedir a Dios que regrese
a Cuba su dignidad
decirle a El la verdad
que hoy vive en mi corazón

Decir a Dios del dolor
que sienten hoy los cubanos
que nos lleve de la mano
caminos a la libertad

--- o0o ---

Tristes Recuerdos

Lleno de honda tristeza
salí de mi tierra un día
nunca yo imaginaría
que la vida sería así

Cuando me fui yo de allí
lleno todo de dolor
que se anidaba en mi pecho
con mi madre y maltrecho
dejé mi patria adorada

También mi familia amada
y mi hija, con dolor,
mientras aquí en mi corazón
y en medio de tanta pena

Tenía fija en mi frente serena
una idea clavada
regresar a ti, mi patria amada,
que tanto me necesitabas

Hoy los años han pasado
en la vida tristemente
yo perdí el beso aquel
que mi vieja me daba en la frente

--- oOo ---

Sección   5

Versos Religiosos

Páginas del 55 al 57

Cantos a la Desesperación

Cuántos años han pasado
desde que nací, Señor
esos años los he vivido
angustiado, con problemas y lamentos

Todos han sido sufrimiento
sin tener quizás razón
y he visto con atención
todo lo que me ha rodeado

Del mundo yo estoy asqueado
todo es cruel materialismo
esto no tiene sentido
es un mundo desgraciado

El sano, porque sano está
el enfermo, porque enfermo es
el pobre, por pobre ser
el rico, por rico ser

El que tiene amores mil
por mil amores tener
y el que no tiene amores
por amores no tener

Es un maldito burdel
de ambiciones y egoísmos
de maldad y penas crueles
envidia e inmoralidad

Yo no me explico, Señor
como esto se acabará
no sé lo que va usted a hacer
pero esto no luce muy bien
y así no tiene remedio

Dígame cómo calmar el tedio
y esta espera sin saber
qué será de mi futuro
y si allí en el campo oscuro
se detendrá la agonía

Y si el comienzo será
después del mundo infinito
si se acabará lo maldito
de esta vida sin sentido

Será el final del crujido
y los dientes rechinar
si se acabará el mal
que hoy nos tiene confundidos

O si flores renacerán
dígamelo Señor a mí
se lo ruego, mi Señor

Dígame si cantarán las aves
y si vendrán los cantares
de los violines al viento

Si todo será el amor
como tú lo predicaste
cómo lo mereces tú
si moriste en la cruz
por todos tus semejantes

O si sólo fue un instante
en que te tuvimos a ti
dígamelo Señor a mí
para eternamente cantarte

--- oOo ---

Confesiones al Creador

Voy a una cita contigo
mi Padre Amado del cielo
para que le des consuelo
a mi espíritu afligido

Yo me siento confundido
por las cosas que he vivido
a veces muy deprimido
con penas en la vida mía

Yo sentiré la alegría
al sentirme en tu regazo
cuando me lleves del brazo
caminos de salvación

Concede, Padre, el perdón
por mis sensibles errores
se acabarán mis temores
oh!, Padre Amado y querido

Concédeme lo pedido
oh!, Padre del alma mía
terminarás mi agonía
concédeme lo que te pido
oh!, Dios de mi salvación

--- o0o ---

Vivir y Soñar

En la llama de amistad
y de amor al ser humano
el hombre se da la mano
y se siente protegido
por el amor del Señor

El te ayudará en el dolor
en la pena y la agonía
y un día y otro día
El te tendrá presente

No estará El ausente
de tu vida, hijo mío
y aunque te sientas afligido
sentirás tú su presencia

Y un día, en mi ausencia
me sentirás a tu lado
y El te dará el valor
para poder continuar
por la vida y sus caminos

Y verás que tu destino
será vivir y soñar

--- o0o ---

Sección 6

Versos de Amor

Páginas 61 al 102

Abismo Cruel

Al mirarme en tus ojos
sentí remordimiento
mi conducta reprocho
por eso es que siempre invoco
a aquellos pasados momentos
llenos de sana tristeza

Y vuelven a mi cabeza
dolores y sufrimientos
todo lleno de lamentos
porque la vida es así

Yo creí que eras para mí
y me ilusioné con esa idea
pero llegó a mí la verdad
con tu cruel materialismo
que hoy me ha llevado al abismo
por tu terrible maldad

--- oOo ---

Frustración

Yo sólo te quiero a ti
y me tienes desquiciado
quiero que estés a mi lado
y que comprendas mi querer

Y pienso en ti al amanecer,
por las tardes y en las noches,
quiero que montes en mi coche
y disfrutar de tus brazos

Sácame del ocaso
de esta vida de dolor
quiero entregarte mi amor
pero tú no me haces caso

Adolorido

No sé lo que quiero hacer
me siento bien deprimido
porque ya no tengo el nido
donde tan feliz fui yo

Me siento solo y afligido
pensando en cosas extrañas
y pienso cada mañana
en el pasado lejano

No necesitaba las manos
de alguien que me quisiera
porque al ver su linda cara
me sentía muy seguro

Pero llegó el tiempo duro
donde no tengo ese amor
y sólo me queda el dolor
de aquella triste despedida

Donde para siempre quedó
mi alma triste y dolida

---- o0o ----

Al Pasar tu Casa

Paso siempre por tu casa
camino voy de la mía
y se me entristece el día
al vivir tan alejados

Porque hoy no tengo el amparo
de tu bonita presencia
ya no soporto tu ausencia
me siento desesperado

Ando solo y angustiado
tú has sido mi único amor
calma mi inmenso dolor
y cura mi soledad
no estemos tan separados

--- o0o ---

Carta Triste

Me dicen cartas a mí
que tú te vas a casar
yo no puedo separar
de mi mente tu recuerdo
sabiendo yo que me pierdo
por caminos de tu embeleso

Cuando nos dábamos besos
en disfrutes del amor
hoy me produce un dolor
la noticia que recibo
que como crueles castigos
alejan mi salvación

--- o0o ---

Al Paso de la Corriente

Descubrí con emoción
que aquella mujer me quería
que con el pasar de los días
su amor sería para mí

Fue aquel sueño que viví
con su amor profundamente
y así pude beber
al paso de la corriente

--- oOo ---

Poderte Amar

Pienso mucho en tu persona
que tanto me haces dudar
de una vida diferente
con la maldad de las gentes
que en la vida hacen llorar

Contigo quiero cantar
amor de la vida mía
quiero me llenes de alegría
para así poderte amar

--- oOo ---

Amor y Placer

Cuando me miro en tus ojos
me haces sentirme alegre
y es que mi corazón comprende
lo mucho que yo te quiero

Hoy recuerdo aquel pañuelo
que nos secó todo el llanto
y vivo en aquel quebranto
aunque los años corrieron

Recuerdos de aquel sendero
donde tanto nos besamos
y recuerdo aquellas horas
en que tú y yo nos amamos

Jamás he podido olvidarme
de aquellos besos de ayer
en que tú y yo nos amamos
llenos de amor y placer.

--- o0o ---

Vida Diferente

Yo deseo de verdad
que la vida te sonría
que te sea diferente
que no hagas caso de la gente
y que vayas sonriente
por la vida y sus senderos

Que vivas de Enero a Enero
una vida diferente!

--- o0o ---

Conflicto

Paso los días cansado
y con profunda tristeza
y vuelvo yo la cabeza
y miro hacia el otro lado

Ella me dice con agrado
qué pasa, cariño mío?,
yo me siento como un niño
pero me siento turbado

Me siento desamparado
frente a esta noble mujer
y analizo su proceder
pero me siento cansado

Sé que ella está a mi lado
y también tiene problemas
o dice tenerlos ella

Yo no sé lo que quiero hacer
quisiera siempre correr
pero la pena me mata

Y mi llanto se desata
en medio de mi dolor
por las cosas que ella dice
y me siento desgraciado

--- oOo ---

Consentida

Al pensar en ti mujer,
mi cielo, me siento triste y cansado
porque de ti enamorado
la vida me ha sonreído

Yo no me siento afligido
tus recuerdos me dan bríos
y me ilusionas, mi amor,
porque eres bella flor
a mi jardín trasplantado

Y yo vivo ilusionado
con tu figura sin par
tanto me has hecho cambiar
que hoy yo sonrío a la vida

Tú eres mi consentida
vivo de ti enamorado

--- oOo ---

Cosas del Amor

Te sientes enamorada
eso me han dicho a mí
pero yo creo que así
no irás a ninguna parte

Porque el amor es un arte
que cambia todas las cosas
éste es como una rosa
que se posa en tu corazón

Este nos llega como una canción
y también como un saludo
el amor es lo más puro
que nos llega al corazón

--- oOo ---

Más Sobre el Amor

Yo quiero seguir hablando
y hablar más sobre el amor
éste nos causa alegrías,
tristezas y desesperación

A éste hay que darle atención
y cultivarlo con cariño
lo mismo cuando eres un niño
que cuando viejo te pones

Porque si no lo cultivas
el amor se descompone

--- oOo ---

Decepción

Hoy es un día extraño
con todos sus inconvenientes
con el beso de las gentes
que a veces nos hacen daño
y nos hacen sentir deprimido
con tantas calamidades

Se esconden muchas verdades
que nos destruyen el nido
por esos amores he sufrido
esa es la realidad

Y aunque mi espíritu está
profundamente aquejado
ando solo y sin amparo
y sin que nadie me quiera

Seguiré yo a mi manera
aunque me sienta turbado

--- oOo ---

De ti Enamorado

Si no me quieres, no importa
tampoco yo he de quererte
y así correrá la vida
hasta que llegue la muerte

Yo viví para quererte
con amor desenfrenado
yo corría enamorado
al susurro de tu voz
porque este hombre que te amó
vivió de ti enamorado

--- oOo ---

Hermosa Mujer

Bien sabes que te quiero
hermosa y linda mujer
tú sabes que eres mi gran querer
y acabas mi soledad

Te quiero a ti nada más
eres mi dulce castigo
porque por ti he vivido
y por ti de amor moriré

Y nos veremos después
estando ya separados

--- oOo ---

El Amor Perece

El tiempo corre veloz
y nadie puede atajarlo
por eso quiero, cantando,
decir ésta mi cuartilla

El amor es una pesadilla
como el odio, igual crece.
por eso el amor perece
cuando no lo cultivamos

--- o0o ---

Siempre te he de Querer

Tú me das y yo te doy
mi amor que es sólo por ti
te quiero yo para mí
con amor profundo y loco

Tu amor que poco a poco
me ha hecho pensar en ti
tú serás para mí
toda mi vida entera
yo te amaré a mi manera
sin negarte a ti mi amor

Mujer de mis sentimientos
y aunque me sienta abatido
por todos mis sufrimientos
siempre estaré contento
de seguir pensando en ti

--- o0o ---

El Beso Inolvidable

Una vez se posó en mí
un beso sano y bonito
por unos labios benditos
que el beso aquel me brindó

Desde entonces vivo yo
con el beso aquel prendido
si yo me siento afligido
cuando recuerdo aquel beso
mi vida cambia otra vez

Y si yo luego después
de nuevo vuelvo a recaer
su recuerdo me levanta

Y si pierdo la esperanza
por el rigor de mi vida
el beso cierra mi herida
y cuando las horas son tristes
porque triste yo me siento
en medio de mi dolor
recuerdo aquel beso de amor
cuando el beso me fue dado

Cuando me siento angustiado
por mi eterno batallar
el beso vuelve a llegar
y la ilusión me regresa

Y así mi vida es presa
por ese hermoso recuerdo
sabiendo yo que no pierdo
aquel hermoso recuerdo
que su beso me dejó.

--- o0o ---

Entregado

El dolor que siento yo
no lo puedes entender
porque en tu alma de mujer
vives con falsos caprichos
y pones en entredichos
todo lo que escuchas tú

No entiendes que mi amor
es una cruz
que siempre por ti he cargado
y no miras con agrado
todas mis sanas conquistas

Mi amor siempre estará a la vista
no hace falta ser adivino
pues este hermoso camino
es para que entiendas la flor
que siempre a ti te he entregado

--- o0o ---   .

Eres mi Sol

Apegado al sentimiento
de la pena y el dolor
anda muriendo la flor
que da alivio a mi desconsuelo

Te quiero, siempre te quiero,
eres mi sabia dulzura
que con tu sana ternura
das alivio a mi dolor

En las noches, eres mi sueño,
En los días, eres mi sol
que con su hermoso resplandor
ilumina mis caminos

Eres el sabio destino
de todo ser inteligente
eres del amor la fuente
y de la paz la grandeza

De la vida del pobre
eres la esperanza
y de éste que te escribe, eres la fe
y la más sana ilusión

Espero siempre me concedas
el más ansiado perdón

--- o0o ---

Eterna Felicidad

Hoy pienso mucho en ti
mujer de mis sentimientos
y por cada pensamiento
que dedico a tu figura
se me llena de ternura
mi angustiado corazón

Eres tú la inspiración
que das fuerza a mi vivir
sin ti prefiero morir
la vida no tiene sentido

Sin ti, triste y oprimido
y la vida se me acorta
contigo tienen las cosas
un especial colorido
y un olor desconocido
me regala tu presencia

No quiero que la ausencia
de tu angelical figura
se clave así en mi destino
si por un solo camino
podemos andar los dos

Tú serías para mí
y viviríamos los do
como fieles enamorados

Tú estarías a mi lado
a tu lado estaría yo
y estaríamos los dos
sin separación mortal

Siempre unidos por amor
en el Paraíso de aquel mundo
donde no existe el dolor
y la pena ya no está

Donde no hay la maldad
ni este egoísmo cruel
donde no muere el laurel
y la alegría es infinita

Donde el alma no es marchita
y existe la felicidad
tendrás mi fiel compañía
y mi amor sano y sencillo
así estaríamos unidos

En eterna felicidad

--- oOo ---

Extraña Vida

Mi vida es así, extraña,
a veces alegre y triste
y otras malhumorado
porque mi vida ha cambiado
por culpa de la hipocresía

Pero llegará el día
en que todo será diferente
sin el beso de la gente
pero sin tanta agonía

--- oOo ---

Febrero

Un día de Febrero fue
una experiencia muy bella
yo miraba las estrellas
lejanas en el firmamento

Yo tenía un pensamiento
que era poderte cantar
yo quería improvisar
con mis canciones al viento

Tú venías al momento
para alegrar mis pesares
yo sentí en mi cabeza
tu voz de sonar bonito

Y así surgieron juntitos
estos cantares al viento
fue ese mes de Febrero
cuando se acabaron mis lamentos

--- oOo ---

Extraña Visita

Cuando vengo a visitarte
me siento solo y extraño
si a nadie yo le he hecho daño
por qué mi vida es así?

Yo he nacido para ti
y mi amor se hace más triste
desde el día en que te fuiste
tu amor me ha hecho más daño

He vivido con los años
y en esta amarga ilusión
que me dejó tu partida
muy triste la despedida
de esta cruel separación

--- oOo ---

Falsedad

Yo sé que tú no me quieres
pero me necesitas
por eso finges quererme
y yo te comprendo

Aunque mi corazón se marchita
por tu falso amor fingido
yo no quiero tu cariño
ni deseo que me digas
que me quieres

Porque tu falso amor
me ha obligado
a fingir el mío

--- oOo ---

Felicidad

Contento estoy de tu amor
y encantadora presencia
y temo yo que la ausencia
un día me niegue tu amor

Y juego con la ilusión
de tu dulce compañía
me siento yo en la agonía
de perder tu tierno regazo

Si tú me llevas del brazo
por infinitos caminos
como alegres peregrinos
caminando por la vida

Tú serías la guarida
de mi triste soledad
lejos de la maldad
de los malvados traidores
cantarían los trovadores
por nuestro amor infinito

Mientras los ojos marchitos
cansados ya de llorar
por la pena y el dolor
que sólo viven en la vida
un eterno sollozar

Tú serías mi alegría
y mi gran felicidad
yo jamás te dejaría
mi mujer amada y sana
y juntos cada mañana
a besos te despertaría

(Continúa en la página 79)

Y así pasaríamos un día
y otro día llegaría
con nuevos planes y nuevas alegrías
y con muchas ilusiones
mientras nuestros corazones
llenos de amor estarían

--- oOo ---

Feliz Cada Día

Sueño con el amor
ése que llevamos dentro
y al soñar estoy contento
porque el amor es así

Si sueñas de esa manera
alegre siempre estarás
porque el amor no es vanidad
el amor es alegría

Te invito a que sueñes con él
y serás feliz cada día

--- oOo ---

Versos que te Di

Sueño siempre contigo
amor que estás a mi lado
y me siento enamorado
porque mi amor es así

Aunque yo nunca te vi
te sentí en mi corazón
recibas esta canción
en los versos que te di

--- oOo ---

Gran Amor

Mira que yo a ti te quiero
y vivo de ti enamorado
creo yo ser de tu agrado
y tu figura me toca

Siempre que pienso en ti
un gran amor me provocas
te quiero yo con amor
y con pasión infinita

Cuando yo miro a tus ojos
el corazón me palpita
cuando yo miro a tus ojos
el corazón me palpita

---- oOo ----

Tardía Confesión

Te quiero, me dijo,
cuando se estaba muriendo
yo no lo comprendía
y no podía comprenderlo
pero se estaba muriendo

Fueron duros aquellos días
en que sus ojos se cerraron
cómo lloraron los míos
en aquellos tristes momentos

Te quiero, me dijo ella,
Pero se estaba muriendo
yo no lo quería comprender
porque se estaba muriendo

--- oOo ---

Hastío

Como un volcán en erupción
llegaste a mi vida
con tu fuego avivaste
la hoguera de mi amor escondido

Yo, que no tenía amor
te tuve, y fuiste tú
después de muchos años
mi más cara ilusión

Nos batimos tú y yo
en un combate amoroso
llenos de dicha y amor

Y de una pasión
que quema y lo abraza todo
junto a mi corazón, tu corazón,
junto a mi cuerpo, tu cuerpo

Y en cada caricia y en cada beso,
encendíamos el fuego
y se abrían las corrientes
de nuestras lujurias locas

De locos excesos
se abrían las corrientes
de nuestros caudalosos ríos
hasta que con esas corrientes
se apagaron los fuegos
de tu amor y el mío

Hoy solo, como fiera enjaulada,
sólo me queda el recuerdo
sólo me queda el hastío

--- oOo ---

Hechizo

Yo no sé como podré
olvidarme de tu hechizo
si estar a tu lado es
encontrarme en el Paraíso

Me siento de ti enamorado
y entusiasmado estoy contigo
cuando te miro
siempre me siento invadido
de tu figura sin par

Eres como el ancho mar
que no se puede cruzar

--- oOo ---

Amor Marchito

Yo ando falto de tu amor
tú me has negado el cariño
no lloraré como un niño
ni hasta ti me arrastraré

Porque luego ya después
comprenderás tu error
cuando sea tarde
y tendrás esa agonía
ni en las noches ni en los días
endulzarás tu amargura

Tu vida será muy dura
por todos esos rencores
y la vida pasarás
con tu dolor infinito

Y entonces comprenderás
que ya tu amor está marchito

--- oOo ---

Inolvidable

Me ha dado a mí por pensar
de manera silenciosa
en que diera cualquier cosa
para poder regresar

Ganas siento de llorar
al sentirme en el ocaso
porque aquellos amantes brazos
ya no los puedo olvidar

--- oOo ---

Alma Herida

Para ti que me has querido
un elevado sentimiento
y en prueba de gratitud
recibas esta misiva

Que aunque mi alma está herida
por otros amores que no me quieren
el hombre de amor no muere
porque el amor es virtud

--- oOo ---

Irremediable

Me has dado un fuerte dolor
y han cambiado tu persona
hoy que mi vida se asoma
al ocaso y la agonía
de una vejez solitaria

Por dondequiera que vayas
te has de recordar tú de mí
y entonces comprenderás
que ya no tienes remedio

Y verás que me humillaste
por otras personas extrañas
comprenderás que no hay nada
como el amor familiar

Pero cuando te hacen llorar
y a ti te han hecho sufrir
comprenderás, aunque no lo quieras,
que tu amor es enfermizo

Perderás el Paraíso
por el que crees que has luchado
y sentirás el desamparo
el dolor y la agonía
comprenderás ese día
que ese amor ha terminado

--- oOo ---

Insidia

La vida mía yo paso
siempre pensando en ti
mirando a veces la calle
y otras mirando al cielo

Pero siento desconsuelo
al llegar hasta tu casa
porque el amor me atenaza
y me duele el sentimiento

Vivo a cada momento
a veces desconcertado
porque me siento angustiado
y busco tu compañía

Pero veo correr los días
y no consigo tu sonrisa
menos tu comprensión

Pero han pasado los años
desde que las penas nos visitaron
y en mi corazón se clavaron
tu indiferencia y tu poco trato

Debemos ser sensatos
y eliminar los recelos
porque con tu forma de ser
no puedo continuar la vida entera
hasta el final de mí mismo

Acuérdate que en el pasado
tú fuiste mi consentida
yo, alguien a quien tú querías
y cuando tú me veías
tú siempre me sonreías

Pero el tiempo corrió fugaz
y muchas cosas pasaron
las gentes nos alejaron
y tú siempre te fuiste olvidando
de la raíz de los que te crearon

Muchas cosas así pasaron
y algunos nos separaron
pero el tiempo corrió veloz
por sus vidas y la mía

Recuerda lo que te digo
que debes cambiar tu actitud
y pensar de otra manera
no pases tu vida entera
de esa forma indiferente

Porque ninguna otra gente
será igual en tu vida
no abras más las heridas
que con tu trato me das
porque quizás mañana
no tengas otra oportunidad

--- oOo ---

Jamás

Cuando pienso en tu figura
se agiganta tu presencia
me pones el alma dura
y crece mi juventud

Haces cambiar mi actitud
y aumentan mis emociones
y hasta compongo canciones
qué hermoso poder el tuyo!

Tu forma me llena de orgullo
también de vitalidad
y creo que no volveré jamás
a ser la misma persona

Cuando tu rostro se asoma
a mis ojos y a mi imaginación
siempre me llenas de amor
no te dejaré jamás

--- oOo ---

Juego de Amor

Yo no sé por qué dices tú
que a mí me quieres
y yo nunca eso he creído
porque aunque tú lo hayas dicho
yo nunca lo creí de veras

Hubo detalles que a mí
me hicieron dudar
pero decidí jugar
al juego que tú me hacías

Hoy, en medio de la agonía
y la pena que me das
porque el amor es así
y la gratitud también

Yo siempre te quise ayudar
y creí un poco en ti
pero sé que me traicionas
y no puedo ser feliz

--- oOo ---

Mujer Sencilla

Mujer hermosa y sencilla
yo a ti te quiero cantar
las liras del alma mía
mientras siento la agonía
de no poderte besar

Para así poder deleitar
mis sublimes pensamientos
mientras en el firmamento
el sol luce más hermoso

Tu caminar cadencioso
me llena de satisfacción
por eso te canto al son
y al ritmo de tu cintura

Eres, mujer, sabrosura
dueña de mi corazón

--- oOo ---

No Importa

Si no me quieres, no importa
tampoco yo he de quererte
y así correrá la vida
hasta que llegue la muerte

Yo viví para quererte
con amor desenfrenado
yo corrí enamorado
al grito de tu voz
porque este hombre que te amó
vivió de ti enamorado

--- oOo ---

Amor Fingido

Me quieres siempre decir
que tú me quieres a mí
pero en tu proceder
todo parece mentira

Tengo yo crueles heridas
por las acciones que tú me haces
y siento que se deshacen
mi corazón y el tuyo

Ando pensando en tu amor
porque me siento muy tuyo

Andas influenciada
por personas diferentes
que por mucho que dicen quererte
no saben beber el agua de tu corriente

--- oOo ---

Para ti, Amada Mía

Ando pensando en tu amor
y el tiempo corrió fugaz
quiero recibas la paz
que hoy vive en mi corazón

Cuando escuches mis palabras
y mires el tiempo pasado
comprenderás que a mi lado
recibirás mis ternuras
y verás que mi alma es pura
y llena de sanas alegrías

Comprenderás cada día
del tiempo las emociones
que como hermosas canciones
lleguen a ti, amada mía

--- o0o ---

Pensando en Ti

Sigo pensando en ti
extraña y rara mujer
busco en tu proceder
la solución al problema

Pero te portas ajena
a toda esta situación
y no encuentro solución
a tu manera de ser

No entiendo tu proceder
no te veo responsable
porque siempre llegas tarde
a darme claras respuestas

Creo que no eres honesta
en tu manera de ser
y tienes un proceder
de manera irresponsable

--- oOo ---

Recordando

Cuando recuerdo sus besos
llenos de loca pasión
me palpita el corazón
y alegras mi vida entera

Vivíamos a nuestra manera
y éramos el uno del otro
y montábamos el potro
del amor y la lujuria

Yo la quería para mí
y me sentía celoso
de su caminar cadencioso
y era mi hondo disfrute

Pero aquel tiempo corrió
y nos fuimos separando
hoy solo yo vivo
a aquél amor recordando

--- oOo ---

Regalo de Dios

Me duelen profundamente
las penas y el sufrimiento
mientras a cada momento
tengo que explicarlo yo
las cosas que viven en mí

Si tú sabes que nací
de cuna sana y sencilla
y que en mi pecho brilla
mi más sentida ilusión

Porque tú eres la flor
que perfuma mi embeleso
que recorren por mis huesos
los más hermosos besos
que siempre en ti deposito

Porque son como lirios benditos
que yo siempre te regalo
si yo me siento a tu lado
lleno de amor y alegrías

Y aunque siento la nostalgia
de mi sensible dolor
eres una bella flor
que un día supe cortar

Eres el dulce paladar
que la vida me entregó
y que Dios me regaló
para siempre disfrutar

--- oOo ---

Remordimiento

Yo he pensado mucho en ti
y me hiere el sentimiento
pensando que por ti me pierdo
y equivocado viví

Hoy quiero cantarte a ti
y hablarte de mi dolor
decirte que estoy muy triste
y que la pena me mata

Y ese dolor se desata
al saber que por mí te pierdo
sin ti moriré en el recuerdo
de la pena y del olvido
sin ti solo y abatido
por ese dolor maldito

Moriré pensando en ti
cuando más te necesito

--- o0o ----

Alegrías del Amor

Siento alegrías infinitas
dentro de mi corazón
siempre has sido mi ilusión
y dueña de mis pensamientos

Por ti a cada momento
he sufrido y he llorado
al cielo siempre he clamado
por ti, mi bendito amor.

--- o0o ---

Reproches

Sobre el sillón de mi cuarto
se sentaba todas las noches
y no me hacía reproches
aquél fue un bendito amor

No quise seguir sufriendo
quería seguir soñando
pero seguía deambulando
sobre ese mundo vacío

Me dijo que eran míos
sus sueños de aquella noche
en que me hizo reproches

Así allí pasé muchas noches
llorando y sólo llorando
no quise seguir soñando
porque me hizo reproches

--- o0o ---

Sueño Realizado

Un sueño tuve contigo
y lleno de amor te acaricié
un sueño en el que yo me robé
tus caricias y tus besos

Yo probé en una ilusión
que llenó mi alma de ternura
comprendí que eras una mujer pura
en la noche de mis sueños

Realicé mi más cara ilusión
y en regazo te llevé alegre de mi brazo
y contigo mi sueño realicé

--- o0o ---

Saber Amar

Cuando soñaba contigo
me sentía ilusionado
porque en mis sueños dorados
tú nunca me dejarías

Soñaba y te acaricié
alegremente, mujer,
porque en aquel amanecer
éramos muy felices
aunque había muchas raíces
de nuestros tiempos pasados

Estábamos enamorados
el uno del otro en pos
de una vida diferente
sin importarnos las gentes
ni la envidia de los mismos

Tú eras mi doncella
y yo era tu señor
sentíamos un tierno amor
como dos enamorados

Andábamos al lado
de aquella hermosa ilusión
si algún error cometíamos
nos sabíamos perdonar

Aquello si era el amor
y era saberse amar

--- oOo ---

Señora

Señora,
qué pena siento en mi alma
qué triste es mi sufrimiento
cuando siento que el lamento
me brota del corazón

Tú me turbas la razón
eres mi angustia infinita
tienes tu cara bonita
como un ángel celestial

Quiero poderte cantar
besar tu boca chiquita
eres una mujercita
con sabor muy tropical

Me gusta tu voz musical
en cantares mañaneros
tus ojos son dos luceros
que yo siempre he de recordar

--- o0o ---

Separados

Una mujer me botó
de su lado alguna vez
pero luego me alejé
y quedamos separados

Nos mirábamos de lado
de frente nunca más nos vimos
el tiempo que consumimos
había sido demasiado

Felices fuimos los dos
en aquella relación
pero el tiempo transcurrió
peleábamos demasiado

Yo me sentía enamorado
y ella lo estaba también
pero la vida es así
el tiempo corre fugaz
hoy vivimos en paz
pero estamos separados

--- oOo ---

Sueños

Soñé con tu amor un día
lleno de sana ilusión
pero tu amor me llenó
completito el corazón

Soñé contigo, amor mío
y no te pude dejar
porque al soñar contigo
no me podía despertar

Dicen que vivo soñando
todo el tiempo, mi querer,
el sueño es mi mayor ilusión
porque mis sueños me ayudan
a entregarte a ti mi amor

--- oOo ---

Vacío de Amor

Yo no quiero que tú sufras
no quiero verte llorando
ni quiero verte sufrir
no quiero sufrir tampoco

Y aunque me siento bien loco
por lo mucho que tú sufres
mi corazón se consume
por tu pena y tu dolor

Quiero que me des tu amor
y que disfrutes el mío
porque mi amor es así
no quiero un amor vacío

--- oOo ---

Ternura

Si yo me pongo a pensar
un poco en la soledad
me imagino que jamás
me llegaré a consolar

Y si me pongo a volar
por el espacio infinito
veré sus ojos bonitos
llenos de honda ternura
que a mí me dieron amor

Me sentiría más triste
porque fue que tú te fuiste
para hacerme sollozar

--- o0o ---

Tu Amor y mi Destino

En una canción bonita
te canto a ti mi ilusión
mi alma te necesita
para aliviar los pesares

Cuándo acabarán los males
que brotan del corazón!
cuando cruzaba ese amor
que una vez marcó mi destino

Pasó por mi triste camino
como fuerza arrolladora
y cada día sus horas
su recuerdo llega a mí

Hoy te quiero sólo a ti
diste luz a mi camino
por eso es mi destino
amarte y vivir así.

Visita Inesperada

Hoy mi corazón marchito
por amargas realidades
que sólo sabe de bondades
siente un dolor infinito

Hoy mis lirios ya marchitos
por tus palabras tan crueles
hoy se mueren los laureles
por ese dolor maldito

Hoy en mis cuarenta y cinco años
un lujo grande me he dado
por haberme enamorado
de ti, bendita mujer

Hoy sufrí al amanecer
y tú no te has enterado
ayer fui yo ilusionado
a verte a tu apartamento

Tenía en ese momento
una bonita razón
era ver a mi ilusión
que en mis años de quimera

llevaba una luz entera
prendida en el corazón

Tú, con alguna razón
me dijiste cosas tristes
cosas que me dolieron
dentro del corazón

Yo, que sin expresión
puedo contar ya mis penas
por otras cosas muy buenas
yo te concedo razón

Hoy las cosas han pasado
yo no te guardo rencor
pues vivo yo sin tu amor
y con el alma en mi pecho

Yo te concedo el derecho
y te ofrezco mi perdón
no creas en el dolor
que me causaste mujer
mi amor es tan bello y grande
que siempre vuelve a renacer

--- o0o ---

Vives en Mí

Para ti querida mía
son estos versos sinceros
decirte que siempre quiero
disfrutar de tu presencia

Decirte que en esta ausencia
de mi amor presente en ti
haces que fijes en mí
tu amor que tanto yo añoro
que sin tus besos no puedo
vivir en la soledad

Te quiero a ti nada más
yo no tengo a otra persona
porque tú me has llenado de ilusiones
el sufrido corazón

Déjame darte mi amor
ése que hoy vive en mí

--- oOo ---

Sección   7

Versos para Canciones

Páginas del 105 al 107

Cristóbal Colón, Baila mi Son

Cuando Cristóbal Colón
descubrió las Antillas
trajo un saco de semillas
y las regó en la población

Oye, Cristóbal Colón,
yo a ti te canto con esmero
quiero que escuches los boleros
que allí en mi Cuba nacieron

Que ésta es la tierra del son
oye, Cristóbal Colón
quiero que escuches mi son
que hoy cantamos con amor
por toda América hispana
desde mi tierra cubana
donde nacieron los sones

Quiero escuches mis canciones
por dondequiera que estés
quiero que escuches tú las canciones
de la tierra del bembé

Y sigo cantando inspirado
en tierras de libertad
que aunque las cosas sean grandes
yo canto con emoción
porque los pueblos del mundo
bailen mi rico son

Escucha, Cristóbal Colón
baila mi rico son

--- oOo ---

De Regreso a la Escuela

Cuando regreso a la escuela
después de las vacaciones
con nuevos bríos y hermosas ilusiones
cuánto disfruto a mis amigos!
de mi curso escolar

Nuevas clases, nuevas y hermosas amistades
quiero siempre comenzar
con amor y nuevas emociones
después de mis vacaciones
disfrutar mi curso escolar

Y así siempre regresar
al nuevo año escolar

--- oOo ---

Felicidades

Quiero dedicarte mis canciones
llenas todas de emociones
queremos felicitarte

El amor es más que arte
pues corre por nuestras venas
recibas mil cosas buenas
que queremos regalarte

Y al compás de esta canción
que con cariño te dedico
que Dios guíe tus pasos
en éste tu día bonito

--- oOo ---

Lo Mejor de tu Equipaje

Para ustedes, queridos amigos míos
que vienen de todas partes
quiero dedicar mi arte
con todo mi amor y hospedaje

Y cuando vuelvas del viaje
sientas que te hemos ofrecido
lo mejor de tu equipaje

Y cuando quieras regresar
te sientas siempre contento
te encuentres siempre feliz
al tú poder regresar

Puedas así confirmar
que te hemos ofrecido
lo mejor de tu equipaje

--- oOo ---

Rico Son

Dicen que yo soy dichoso
y que no tengo muchos bienes
se olvidan de los vaivenes
de esta vida sin cesar

Por eso quiero cantar
con todo mi corazón
y al compás de mi canción
yo les canto dulcemente
mientras me mira la gente
en mi eterno caminar

Yo a ustedes quiero cantar
mis cantos de corazón
que bailen mi rico son
que es mi eterno predicar

Sección 8

Versos a la Familia y a Amigos

Páginas del 111 al 120

Amor Diferente

Miro a mi alrededor
con amor y con ternura
para no perder cordura
por las cosas que aquí veo

Me siento a veces muy triste
pensando en las cosas buenas
que una vez yo disfruté
y recuerdo aquel café
que mi vieja a mí me hacía
cuando yo era pequeño

Y veo hasta en mis sueños
las experiencias pasadas
y me siento en las madrugadas
a pensar en el pasado

Y ando buscando en mis recuerdos
las emociones pasadas
pero me resulta inútil
encontrar las soluciones

Porque aquellas alegrías
que en el ayer disfruté
ya no regresarán
a mi vida del presente

Y así lloro tristemente
luchando con el pasado
y ando buscando amparo
en un amor diferente

--- oOo ---

Aquella Noche Triste

Sobre aquella noche triste
se clavó en mí la agonía
dejando en la lejanía
de mis pasados recuerdos
sabiendo yo que me pierdo
sobre lo lejos del tiempo

Sobre un pasado que vuelvo
yo a recordar
sabor, triste paladar
que la vida me dejó

Me musitó aquella voz
que siempre yo recordaré
yo, que tanto la adoré,
su voz amada y sencilla
sembró en mí la semilla
del amor y el sentimiento

Si yo me siento hoy muriendo
por su pena y su dolor
es que se me fue la flor
más pura que conocí

Lo fue todo para mí
amor limpio y sentimiento
lo más puro de la vida
no sanarán mis heridas
lo siento en el alma mía

Porque se fue la alegría
más pura que conocí

--- o0o ---

Camino

Yo no sé por qué camino
se fue mi vieja hacia el cielo
pero sé que ese sendero
dejó el mío vacío

Hoy me siento triste y sombrío
sin saber qué rumbo tomar
hasta que vuelva a encontrar
de nuevo el camino mío

--- oOo ---

Beso Diferente

Yo hoy no tengo los años
de aquellos tiempos pasados
en que viví ilusionado
y todo fue diferente

Entre besos de las gentes
que muchas veces me amaron
con el correr de los años
la vida se hizo diferente

Ya yo no tengo el beso en la frente
que a mí me daba mi vieja
hoy mi vida se ha convertido
en la pena que me espera

--- oOo ---

Día de las Madres
(Mayo 8 de 1994)

En este Día de las Madres
quiero darte un sencillo homenaje,
mi madre del alma mía,
decirte que los paisajes
para mí, madre, cambiaron

Decirte que se nublaron
desde el día en que te fuiste
decirte que nubes grises
se adueñaron de mi vida

Decirte que mi alma herida
para siempre entristeció
contarte que se alejó
para siempre mi ilusión

Decirte que un negro crespón
de mi pecho se adueñó

--- o0o –

Dolor Infinito

Esta sublime ilusión
que me dejó a mí la pena
es una triste condena
que me turba la razón

Siento desesperación
con una angustia terrible
es un dolor insufrible
que ni soportar yo puedo

Con ese dolor que fluye
de lo profundo del alma
que a la vez deja una calma
en mi triste corazón

Perdida ya la ilusión
que me quedaba en la vida
con la terrible agonía
de un alma que vive en pena

Esta terrible condena
de mi fatal soledad
yo sé bien que ya jamás
de esta herida curaré

Sé la vida perderé
y no me importaría mucho
y si vivo en un iluso
mundo de soledad

Prefiero la eternidad
con su misterio infinito
donde nada es marchito
donde la pena no mata

Cuando el alma se desata
de este cruel materialismo
donde no hay egoísmo
ni existe la vanidad

Donde está la realidad
de una vida espiritual
donde se termina el mal
donde hay otras ilusiones

Donde todo es el amor
y el saberse perdonar
donde todo es el amor
donde no hay la condena

Donde no tendré esta pena
que aquí me quiere matar

--- oOo ---

La Partida

No todos me dieron la espalda
en los más tristes momentos
de mi vida espiritual

Fue para mí llorar
un alivio o un escape
porque tuvo que marchar
rumbo a otras dimensiones
de la vida espiritual

Hacia dónde llevó su regazo
mientras yo ansiaba sus brazos
en constante sollozar?

--- oOo ---

Tristeza

Cuando va llegando el día
de triste recordación
se agiganta más mi dolor
y más entristecen mis penas

Al sufrir hoy la condena
que su muerte a mí me impuso
siento más grande y difuso
éste mi dolor sombrío

En mi vida hay un vacío
que nunca se llenará
por aquella hermosa paz
que la muerte me arrancó

Desde entonces vivo yo
sollozando tristemente
sin que lo sepa la gente
que mi alegría se perdió

--- oOo ---

Lázaro

Amigo Lázaro, el tiempo corre veloz
y nadie puede atajarlo
por eso quiero cantando
decirte éstas mis cuartillas

El amor es una pesadilla
como el odio, igual crece
por eso el amor perece
cuando no lo cultivamos

Yo quiero seguir cantando
y hablar más sobre el amor
éste nos causa alegrías,
tristeza y desesperación

A éste hay que darle atención
y cultivarlo con cariño
lo mismo cuando eres un niño
que cuando viejo te pones

Porque si no lo cultivas
el amor se descompone

--- oOo ---

Madre Mía

Madre, cómo te sacrificaste,
cuánto lloraste por mí
quiero cantarte así
de una manera sencilla

Yo quiero en esta cuartilla
este homenaje brindarte
y quiero siempre cantarte
y abrazarte, mi viejita

Sentirte aquí a mi lado
y vivir ilusionado
con tu existencia bonita
por toda la vida entera
contigo, mi madre estar

Quiero más, madre de mi alma,
sentir aquella alegría
al mirarte a mi lado
y así por toda la vida
tus mejillas yo besar

--- o0o ---

Recuerdos de mi Madre

Madre de mi corazón
madre mía, madre amada
yo ruego en esta jornada
a Dios con profunda expresión

Yo ruego para que al son
de esta canción que te canto
puedas sentirte dichosa
en este canto que es prosa
de este hijo que te quiere

Goces de los placeres
más bellos del Universo
escuches, mi madre, mis versos
que brotan del alma mía

Disfrutes en este día
de esta canción infinita
siempre serás bendita
a los ojos del Señor

Que El te bendiga mi madre
y goces su bendición

--- o0o ---

Te Fuiste

Mi sentimiento quedó
para siempre atrapado
con ese amor que se fue
dejándome solo y triste

Me quedé desconsolado
con mi pena y mi dolor
porque se murió la flor
que en mi vida yo tenía

Hoy vivo yo la agonía
de mi soledad tan cruel
cuando se murió el laurel
me refugié en otra flor

Me ayudó con su presencia
a mitigar aquella cruel pena
sus palabras me ayudaron
a calmar un poco mi triste soledad

Mujer, ahora te fuiste
dejándome sin regazo
si ya no tengo tus brazos
que fueron un día mi consuelo

Sin aquel amor yo muero
porque no tengo sus brazos

--- oOo ---

Sección 9

Versos Dispersos

Páginas del 123 al 131

Versos Dispersos

A) A mi Madre

Mi madre un día se fue
por los caminos del tiempo
mi madre, cómo me siento
lleno de sana emoción

Mi madre fue la canción
más bella del sentimiento

B) Ilusiones de Amor

Hoy siento rara emoción
al meditar sobre el pasado
y busco de su amor el amparo
y busco en él su sonrisa
y caminaremos de prisa
por amor ilusionados

C) Años Infructíferos

Cómo se han ido los años
que por mi vida cruzaron
años llenos de ilusiones,
alegrías y desengaños

Años que fueron minando
ilusiones placenteras
años que se convirtieron
en alegrías pasajeras

D) Pensando en el Amor

Vivo pensando en el amor
y a éste quiero encontrar
porque el amor es bonito
y no lo quiero alejar

E) Nunca Despertar

Porque te quiero, te quiero,
no lo puedo remediar
sería como dormirme
para nunca despertar

--- oOo ---

Versos Dispersos

F) Ayúdame

Eres tú mi gran amor
locuras tengo por ti
acaba mi soledad
ayúdame a sonreír

G) Anoche

Anoche cuando dormía
te tuve yo en mi presencia
no quiero sentir tu ausencia
por ti mi amor se consume

Te siento por todas partes
embriágame de tu perfume

H) Día Distinto

Hoy es un día distinto
no sé lo que quiero hacer
acércate a mi persona
y calma mi padecer

I) No te Alejes

Pensando estoy en tu amor
y la vida me sonríe
si no estuvieras presente
muy triste me sentiría

Alegras todos mis días
y me haces sentir alegre
no, no te alejes
ayúdame a sostenerme

J) Escribo para Ti

Hoy yo escribo para ti
las cosas que llevo dentro
me haces tú sonreír
y me alejas de los tormentos

--- o0o ---

Versos Dispersos

K) Muchos Días sin Ti

Muchos días sin ti
me pesan y me hacen sufrir
yo no puedo resistir
la ausencia de tu persona
que como penas se asoma
y mucho me hacen sufrir

L) Corre el Tiempo

Hoy corre el tiempo fugaz
y recuerdo aquel pasado
que para siempre marcaron
éste mi lento sufrir

Ya yo no puedo vivir
me siento desconcertado
porque en mi vida dejaron
éste mi lento sufrir

M) Pasas por mi Lado

Cuando pasas por mi lado
el corazón se me agita
porque mi vida palpita
al amor y la ternura

Es que mi vida es dura
y no me quiero morir
por qué me haces sufrir?

N) No Quiero Pensar

Yo no quiero pensar
en las penas que me das
yo no quiero sufrir más
me siento solo y muy triste
aquel día en que te fuiste
mucho me hiciste llorar

--- o0o ---

Versos Dispersos

O) *Quiero Volar*

Quiero a veces volar
para no estar a tu lado
busco de ti el amparo
y no lo puedo encontrar

P) *Musitar*

Yo quiero así musitar
mis palabras a tus oídos
pero tú no me has querido
y yo no te puedo amar

Q) *Quiero Vivir*

Quiero vivir al ocaso
de tu bonita figura
pero tienes el alma dura
y no quieres escuchar

R) *La Vida es una Ilusión*

La vida es una ilusión
que a veces se torna vacía
pero la vida es así
llena de cosas extrañas

S) *A Veces*

A veces te sientes triste
y a veces te sientes alegre
pero la vida es así
alegre, triste y extraña

T) *Vivo Sumido*

Vivo sumido en los sueños
de alegrías que pasaron
y luego con el tiempo dejaron
penas en el corazón

U) *Pensando en su Amor*

Sigo pensando en su amor
después del tiempo correr
por qué se fue aquel querer
que la muerte me llevó?

--- o0o ---

Versos Dispersos

(V) Pasaste con él del Brazo

Pasaste con él del brazo
y muy triste me sentí
pero la vida es así
qué puedo hacerle yo a eso?

Si no me quisiste a mí
yo no moriré por eso

(X) Mujer zalamera

Eres mujer zalamera
y me gusta tu figura
cuando te miro de lejos
casi me llevas a la sepultura

(Y) Pones mi Cuerpo a Temblar

Y si te veo de cerca
pones mi cuerpo a temblar
mucho me gustas tú a mí
no te lo puedo negar

Tú fuiste mi único amor
yo siempre te he de esperar

(Z) Preso de tu Corazón

Te quiero con la ilusión
de un amanecer risueño
y vivo lleno de ensueños
preso de tu corazón

(AA) Llena de Amor

Recibe llena de amor
mi amor que anidó en ti
mujer de sana alegría
viviré con la agonía
de seguir pensando en ti

--- oOo ---

Versos Dispersos

(AB) Soñé con tu Amor

Soñé con tu amor anoche
y me llené de ilusiones
fuimos un solo amor
para dos alegres corazones

(AC) Tu Amor

Tu amor ha llenado mi vida
de sanas y hermosas alegrías
vivamos hoy nuestro día
lleno de lindas emociones

(AD) Quiero Vivir al Amparo

Quiero vivir al amparo
de tu bonita presencia
quiero que sepas que yo
te amo pero no debo
tener que pedir clemencia

(AE) Este Amor

Porque este amor no es injusto
deseo que sepas mi gusto
y mi amor desesperante
porque mi amor es por ti
cada día más punzante

(AF) Te quiero porque te Quiero

Te quiero porque te quiero
hermosa y linda mujer
quiero que sepas que yo te quiero
hasta desfallecer

(AG) Vivo Pensando

Vivo pensando en tu amor
y tú no piensas en mí
te quiero porque te quiero
porque para quererte nací

--- oOo ---

Versos Dispersos

(AH) Feliz Corazón

Feliz es mi corazón
al sentirte a mi lado
también lo es tu presencia
es bonita la ilusión
cuando sé que terminó
para siempre tu ausencia

(AI) Padre Agradecido

Yo soy un padre agradecido
al tener junto a mí
tu corazón y tus hijos
que son premios hermosos
para un padre que por amor
se ha sacrificado

(AJ) Hoy soy Feliz

Hoy soy feliz
mujer de la vida mía
deseándote un maravilloso día
al disfrutar tu presencia

(AK) No Importa

No importa que no te acuerdes de mí
yo soy un hombre enamorado
y el amor que por siempre yo he sentido
me ha permitido vivir ilusionado

(AL) Amigo Querido

Amigo querido mío
amigo del alma mía
al recordar tu amistad
me siento un hombre dichoso
pues no todos los días
se consiguen amigos como tú

--- o0o ---

Versos Dispersos

(AM) No Sé Por Qué

Yo no sé por qué razón
otros se portan tan mal
y dan pasos a la desconfianza

Otros son de pocas esperanzas
y de poca confiabilidad
en mi vida yo lo creo así
porque la traición en mi vida
la traición yo la viví
y el desengaño también

(AN) Ellos son mis Sueños

Mi hija, su esposo y mis nietos
ellos son mis sueños y mis ilusiones
ellos son de corazones limpios
y ejemplo de toda limpieza
ellos son la mayor de mis riquezas

(AO) Mi Querida Familia

Si me dieran a escoger
un lugar donde yo estar
me sentiría más feliz
con mi querida familia

(AP) Si yo Pudiera Vivir

Si yo pudiera vivir
con ellos toda mi vida
ellos serían para mí
el alivio a todas mis heridas

(AQ) Yo Ando

Yo ando y vivo enamorado
de una preciosa mujer
pero a ella no la encuentro
y no sé lo que voy a hacer

--- oOo ---

Versos Dispersos

(AR) Anoche Soñé

      Anoche soñé contigo
      porque estaba enamorado
      pero ahora al despertar
      me sentí muy desgraciado

(AS) Siempre Triste

      Me tienes siempre muy triste
      y mi carácter ha cambiado
      porque he vivido enamorado
      y creí que me querías
      pero ya me he dado cuenta
      que mi vida es una agonía

--- o0o ---

Sección 10

Sarcasmos Poéticos

Sarcasmos Poéticos

(A) Es Muy Fácil

Es muy fácil para ti
vivir con falsa ilusión
mientras otros se fastidian
tú te comes el jamón

(B) Vivir del Cuento

Por qué tú vives del cuento
creyendo que otros son bobos
no vivas tanto del cuento
que te puede comer el lobo

(C) Bájate de la Mata

No andes dando la vuelta
y bájate de la mata
porque otros no son tontos
y puedes meter la pata

(D) Hoy Descubrí

Yo siempre creí que tú
a mí siempre me querrías
pero hoy descubrí
que viví de porquerías

(E) Con tu Manera de Ser

No me puedo ilusionar
con tu manera de ser
porque todo el que a ti te habla
te llega a ti a convencer

(F) Si me Quieres

Si tú me quieres un poco
por qué piensas tanto en ti
acuérdate que yo no soy tonto
y puedo hacerte sufrir

--- o0o ---

Sarcasmos Poéticos

(G) Los Tuyos

Los tuyos son los primeros
eso yo lo entiendo bien
pero no quieres ser justa
porque yo miro las cosas
del mismo lado también

(H) Te Aprovechas

Tú te aprovechas de todos
por eso nadie te quiere
tienes que dejar a otros
no te metas en lo que no debes

(I) No Eres Mujer
    para Mí

No eres mujer para mí
de eso yo no tengo dudas
vives equivocada
y andas en las musarañas
ándate con cuidado
que te puede enredar la araña

(J) Verdadera Lástima

Es una verdadera lástima
que yo tenga que alejarme
porque lo siento por ti
tendré que coger mi camino
porque yo no sigo así

(K) Te Portas Mal

Por qué te portas mal
y me acosas con tus cosas
si yo no me meto contigo
déjame a mí tranquilo
no te metas en mis cosas

(L) Me Siento Diferente

Hoy me siento diferente
siento penas y pesares
si no me meto contigo
déjame con mis males

--- oOo ---

Sarcasmos Poéticos

(M) Todo lo Que Hay

Todo lo que hay aquí
es para disfrutarlo
debemos siempre cuidarlo
nunca debemos dañarlo

(N) Amor es Emoción

El amor es la emoción
que sentimos cada uno
pero el rencor es el amor
que se convirtió en fracaso

(O) No Siembres Cizaña

Si no te gusta el trabajo
no vengas a sembrar cizaña
porque con esa actitud
tú eres quien más se daña

--- o0o ---

www.ingramcontent.com/pod-product-compliance
Lightning Source LLC
Chambersburg PA
CBHW020906090426
42736CB00008B/511